Otto Abt

Heitere Lichter

Haiku/Senryu
sowie ein Essay über drei Zeremonien
zum Verständnis asiatischer Lebensphilosophie

<Vorderseite: Aquarell Heinz Jahn, Besse/ Dordogne, Fr.>

© 2018 Otto Abt
Umschlaggestaltung, Herstellung und Verlag:
BoD – Books on Demand
ISBN 978-3-7448-6721-4

Südwind weht bunte
Segel leicht daher, verschenkt
stille Heiterkeit

in memoriam Heinrich Spaemann

Für Dich

Vorwort

Haiku stammen aus Japan. Sie zeugen von der naturverbundenen Lebenseinstellung vieler Japaner. In nur drei Zeilen mit je 5-7-5 Silben Umfang widmen sich die kleinen Gedichte einem einzigen Naturphänomen, das zur Betrachtung einlädt. Dabei ist das Mitwirken des Lesers gefragt, der sein eigenes Erleben einbringt. Sich in ein Haiku zu vertiefen bedeutet also nicht Konsum, sondern aktive Teilnahme.

Der Verfasser vermittelt seine persönliche Note im Umgang mit der Natur als Abendländer. So wird man Gemeinsamkeiten, aber auch Unterschiede im Vergleich zur asiatischen Vorgehensweise finden.

Wenn es dem Autor gelingt, im Senryu seine eigene Meinung ansprechend vorzustellen und damit den Leser zum Nachdenken zu bringen, ist sein Ziel erreicht. Selbstverständlich wird hierbei bereitwillig akzeptiert, dass auch konträre Schlüsse aus den Mitteilungen jener Kurzgedichte gezogen werden können.

Statt eines Nachworts sei ergänzend die Lebensphilosophie der Javaner an konkreten Beispielen in einem Essay beschrieben.

Meine Haiku mögen in einer Welt voller Unheil ein wenig Schönheit und Liebe vermitteln und damit Kraft spenden, die Schwierigkeiten des Alltags zu meistern. Sie mögen ferner auch einen kleinen Beitrag dazu leisten, die Natur als wertvollen Schatz zu betrachten und ihre Sprache zu verstehen.

Otto Abt,
Siegen, im März 2018

Die Osternacht birst
flutet die Welt mit Helle:
Der Tod ist besiegt

Die Sonne lächelt
Huflattiche leuchten schon
mit frohen Weisen

Früh morgens im Dorf:
Der Tag sinkt im Frühdunst auf
die roten Dächer

Licht strömt in Klängen
zu Tal, taucht die Berge in
Vogelgezwitscher

Der Frühling schäumt mit
tausend Vogelstimmen. Er
sprudelt durch den Wald

»Zilp, zilp!« Der Zilp-Zalp
zirpt seine Rufe im Meer
schillernder Triller

Die Amsel hat mir
ihr Lied ans Herz gelegt, dort
blüht es weiter fort

Harfengefunkel
purzelt vergnügt vom Himmel
streichelt die Blüten

Wanderweg im Wald
Buschwerk quillt auf die Fahrspur
die Sonne streut Gold

Junger Birkenzweig
krault das blaue Firmament
bringt es zum Schmunzeln

Schmetterlingsschwingen
gaukeln herab, erfüllen
den Tag mit Wonne

Der Pfingstgeist lässt die
Grenzen schwinden, Gottes Ruf
beschwingt die Herzen

Die Nähe spüren
von Freunden, Toten, Natur
Eins sein in Allem

Zweig im Luftzug wie
Umbul-Umbul,[1] Arjunas
Geist weht überall

---

[1] Gebetsfahnen auf Bali in Form eines spitzen Dreiecks, durch Arjuna in
Indien eingeführt

Äste tanzen im
Wind, wiegen sich gelassen
winken so schelmisch

Das Herz der Menschen
glänzt vor Glück, wie die Perle:
schmuck im Mittagsschein

Gedankenklicker
kullern kunterbunt durch das
Gemüt: Lust am Spiel

Der Horizont zeigt:
an den Felsspitzen seine
scharfe Grazie

Bei der Ebene
seine majestätische
Weite und Ruhe

Bombenkrater schreckt
unbekümmert blickt übern
Rand der Fingerhut

Wabernde Wolken
lasten als düstere Fracht
auf prangender Flur

Regennasse Jeans
kleben auf der Haut, lassen
mich kalt erschaudern

Brücke verliert sich
im Nebel, wohin führst du?
Ins Dunkel hinein?

Autobahnkirche
Wegzeichen, Ort der Hoffnung
für den Ratlosen

In Sankt Michael
zu Berg: Reigen in Stein bei
Musik in Kristall[2]

Heiterkeit drängt von
der Kuppel auf mich herab
durchpulst mich mit Mut

Bachs Toccata: Wohl-
klang, Lobpreis, Umarmung
offener Himmel

---

[2] Die Barockkirche St. Michael in Berg am Laim, erbaut von Johann Michael
Fischer, gilt für mich als sein Meisterwerk und eine der schönsten Kirchen
von München, weil sie ein so beeindruckendes Raumgefühl vermittelt.

Die gebändigte
Leidenschaft führt ins Reich der
Sonne: Beethoven

John Cage: Klingende
Wegzeichen zu sorglosem
Schritt in die Stille

Sommersymphonie
schmückt das freudige Herz mit
Blumenakkorden

Der Wind streicht über
Blätter, Blüten, schenkt sich als
Atem der Natur

Der Regenbogen
erglüht überm Tal, weist auf
den Segen des Lichts

Die Sonnenblumen
wenden sich zum Licht. Es schenkt
ihnen die Reife

Frische Sprossen der
Fichtenbaumzweige zieren
das Dunkel des Stamms

Die Fichtenspitzen
zeugen wie mit Schwurhänden
von Seinen Künsten

Wiese am Morgen
Tautropfen glitzern im Strahl
sprühender Farben

Ricke stillt, leckt sacht
ihr Kitz in unserm Garten
Ihr steht mir so nah

Durch Regenschleier
ahne ich sanfte Schatten
Die Berge locken

Nachts im Flugzeug, tief
unten das Leuchtgewebe
der Stadt, ich sinne

Nacht - ein Windhauch drängt
mich sacht vom Regenwald zum
Weg unter Sternen

Tropennacht so lau
und süß, betört mich mit dem
Schmeicheln der Flöte

Der Mondschein sickert
durch mein Gemüt, verschenkt
Hoffnung, Zuversicht

Gamelan führt mich
lind zum Herzschlag der Natur
stärkt meine Seele

Der Regen tropft; füllt
sich beim Gamelan mit Gold
erhellt das Gemüt[3]

Geister des Wayang[4]
wehen durchs Dunkel Javas
künden von Rama[5]

---

[3] Beim Hören des Gamelanstückes *Udan Mas* (»Regen aus Gold«)

[4] Wayang-Kulit: das die großen Hindu-Epen fassende.Schattentheater auf Java.

[5] Rama ist der Sohn des Gottes Vishnu; er hat den Auftrag, die Welt vom Bösen (Rahwana) zu erlösen. Zum indischen Ramayana-Epos vgl. Otto Abt: *Botschaft der Hoffnung und Freude*, 2005

Edler Schmetterling
thront auf dem Lotos, wer ist
der schönste von euch?

Die Sonne, Auge
des Tages,[6] schaut zur Erde
herab, lockt Leben

Zeit entschwebt wie der
späte Falter in Stille
gern folge ich ihm

---

[6] Auge des Tages heißt auf indonesisch »mata hari«; gemeint ist die Sonne.

Bank auf der Wiese
blütenumkränzter Prunksitz
harrt auf den Herren

Häuserschar am Berg
duckt sich unter Marias
blauem Schutzmantel

Gleich Meereswogen
steil vor mir der Fichtenwald
lädt zum Bad im Grün

Quelle so munter
gluckert frisch durch die Auen
tränkt die Kuhherde

Der Buschpfad lockte
im März – schon im Juli ist
er zugewachsen

Der Reiher zieht die
Kreise hoch in den Lüften
Lass mich bei dir sein!

Die Hitze lastet
auf dem Land, raubt den Atem
keine Bö erfrischt

Die Fahne schenkt sich
dem Wind entfaltet durch ihn
ihre Botschaften

Die Mittagsstille
duftet, erwacht, dehnt sich – Horch!
die Lerche setzt ein

Gewitterstürme
zerkeilen das Blau, grollen
drohen im Donner

Die Blitze zucken
in Flammenstichen. Aufschrei!
rot quillt das Feuer

Im Laubwald – aus dem
dunklen Humus gleißt giftig
schrill der Fliegenpilz

Nebeldunst schmiegt sich
weich auf die junge Schonung
zeugt zarte Stille

Die Seerose im
Teich lässt sich selig tragen
erfüllt von Leuchtkraft

Ein Priester singt mit
sonorer Stimme laut den
Ruf des Muezzin[7]

Abendglocke tönt
umhüllt das Land mit Frieden
bittet um Segen

Glitzernde Träume
wehen auf hellen Bahnen
nachts von den Sternen

---

[7] So geschehen am 21. Mai 2017 von einem Missionspater anlässlich eines Besuchs bei ihm in der Nähe von Siegen. Muezzin oder Muadhin ist der Gebetsrufer des Islam.

Die Wahrheit liegt für
uns zu fern. Doch darf man ihr
in Demut nahen

Weisheit aus Java:
Das Geheimnis der Welt liegt
verhüllt in dir selbst

Als Thai-Chi-Lehrer
lerne ich fast täglich das
Unbegreifliche

Die Vernunft erkennt
nicht den ganzen Menschen. Er
ist viel zu komplex

Hast Du Deinen Feind
besiegt, erspar ihm Schande
lass ihm sein Gesicht[8]

Man muss oft durch die
Nacht gehen, um den Wert der
Sonne zu schätzen

---

[8] Javanische Weisheit, nach D. A. und B. Damshäuser in der Zeitschrift *Orientierungen*, Nr. 28, S. 7.

Feuer der Liebe
lasst es brennen, der Mensch sehnt
sich stets nach Wärme

Vieles entdeckt man
erst, wenn man wagt, es zu tun
fasse Mut, beginn!

Das Alter schärft den
Blick für Zusammenhänge
aus der Erfahrung

Im Alter schließt sich
der Kreis, Unverständliches
erhält Bedeutung

Alter ist eine
bedeutsame Phase im
Leben des Menschen

Der Mensch braucht Gott mehr
als das tägliche Brot, drum
wird er Ihn finden

Gott naht wie ein Schiff
Du musst nur darauf springen
willst Du bei Ihm sein

Die Natur spricht vom
Schöpfer, versuche Seine
Stimme zu hören

Religion ist
keine Wissenschaft sondern
Leben in Liebe

Die Wissenschaft schützt
die Wahrheit der Lehre vor
irriger Deutung

Demut, Dankbarkeit
führen zu Seinem Herzen
Es schenkt uns Frieden

Die Macht des Bösen
erschreckt, doch Seine Liebe
besiegt das Schlechte

Er ist kein Sadist
Er hat uns nicht geschaffen
uns zu ängstigen

Unvorstellbar groß
ist Gott. Seine Liebe ist
größer. Vertrau ihr

Ebenbild Gottes[9]
Was hab ich aus mir gemacht?
Seine Liebe stärkt

Ein Schächer am Kreuz
bin ich und setze auf Sein
gütig Erbarmen

Man sollte lernen
auf seinen Tod hin zu
leben mit Freude

---

[9] 1 Mose 2,7

Meine Enkelin
hat mich Vertrauen gelehrt
»Werdet wie Kinder«[10]

Ewigkeit schafft den
Ausgleich für das jetzige
Fristen auf Erden

Arm und schwach bin ich -
von Deiner Hand getragen
bin ich geborgen

---

[10] Matthäus 18,3

Zum Verständnis Asiens
Drei javanische Zeremonien
als Ausdruck asiatischer Lebensphilosophie

Die drei Bräuche *Mantu* (Hochzeit), *Mitoni* (Schwangerschaft im 7. Monat) und *Tedhak Siti* (Erste Schritte des Kleinkinds) vermitteln uns einen Zugang zur javanischen Denkungsart, welche sich durch sie hindurch offenbart. Sie sind ein Beispiel plastisch gewordener Lehren asiatischer Lebensphilosophie, bergen wesentliche Aussagen zum menschlichen Verhalten, deren Kenntnis auch für den Abendländer von Interesse ist, wie ich im Folgenden aufzeigen möchte.

Neben den indonesischen Bezeichnungen stehen die entsprechenden Angaben in Deutsch. Der des Indonesischen nicht Kundige braucht sich nur auf die deutschen Ausdrücke zu konzentrieren, um den Inhalt zu verstehen. Für wissenschaftlich Interessierte wollte ich jedoch auf die Wiedergabe der entsprechenden indonesischen Termini nicht verzichten.

Mantu
Javanische Hochzeit

In Java kommt der Hochzeitsfeier eine besondere Bedeutung zu. Bis zu über tausend Gäste erscheinen nacheinander bei diesem Fest und verfolgen mit großem Interesse die Riten, welche noch aus uralter Zeit stammen. Sie erstrecken sich über mehrere Tage. Während des ganzen Ablaufes stehen immer reichlich gedeckte Tische für die Besucher bereit.

Die Veranstaltung beginnt mit dem *Slametan*, einem gemeinsamen Gebet aller Helfer, einer sich anschließenden rituellen Mahlzeit und der Planung und Verteilung der Arbeiten.

Dem fügt sich der nächste Teil, *Tarup*, an. Er dient dem Aufbau des großen Festzeltes zur Vergrößerung der Eingangshalle des Brauthauses, in der die vielen Gäste Platz nehmen können, und dem Herrichten und Schmücken des Hauses.

Außerdem werden riesige, kunstvoll gefertigte Schmuckgebinde aus Blumen und Früchten, die *Kembarmayang*, vom Elternhaus des Bräutigams feierlich zum Brauthaus gebracht. Das Kembarmayang des Brauthauses wird auf der Mitte der nahen Straßenkreuzungen Gott zur Ehre als Opfer zur Schau gestellt. Zugleich werden damit alle Bewohner der Umgebung über die Hochzeit informiert.

Es folgt eine Badezeremonie, *Siraman*, in zwei Häusern räumlich und zeitlich voneinander getrennt. Die Feier beginnt mit den rituellen Waschungen der Braut in ihrem Elternhaus. Hierbei sitzt die junge Frau im einfachen Gewande auf einem Schemel und wird mit einer großen Schöpfkelle feierlich und schweigend von angesehenen älteren Damen der Verwandtschaft nacheinander mit gesegnetem Wasser, in dem Blumen schwimmen, übergossen. Das gleiche geschieht mit dem Bräutigam in dessen Elternhaus durch ältere Männer.

Nach dem Bad der Braut zieht diese sich in ihr Zimmer zurück und wird in ein Festgewand gekleidet, geschmückt und geschminkt. Derweil versammeln sich gegen Abend viele Gäste im Hause, darunter auch der Bräutigam. Diese

Zusammenkunft heißt *Midodareni*, »der Abend des Engels«. Die engelgleiche Braut verbleibt jedoch in ihrem Gemach und darf sich nur ausgesuchten weiblichen Gästen in ihrer Schönheit zeigen. Der Bräutigam sieht sie an diesem Abend nicht.

Bei den javanischen Muslimen geht am nächsten Vormittag der Bräutigam in Begleitung einiger männlicher Familienmitglieder zum Elternhaus der Braut. Dort erwartet ihn bereits der Brautvater, und beide lassen die Vermählung amtlich vom Imam, dem Vertreter des islamischen Standesamtes, des Ijab Kabul registrieren.

Dann beginnt die eigentliche Hochzeit, die von allen Religionen gleichermaßen zelebriert wird.

Die Vermählungsfeier
Empfang des Bräutigams durch die Braut

Die Braut steht am Tage der Hochzeit in festlicher javanischer Kleidung, dem *Kain panjang* (einem langen, um den Leib gewickelten Batiktuch), und einer *Kebaya*, einer mit Spitzen verzierten Batikjacke gemeinsam mit ihrer Mutter und der Leiterin des Hochzeitsgeschehens, der *Pinisepuh*, in erwartungsvoller Haltung im Innern des Hauses. Das Amt der Pinesepuh ist eine ehrenvolle Aufgabe, welche nur eine angesehene Persönlichkeit, die in der Tradition fest verwurzelt ist, übernehmen kann. Alle Frauen sind in ähnlicher Weise gekleidet wie die Braut. Die Männer tragen ebenfalls einen Kain panjang mit einem speziellen Muster, eine *Beskap* (javanische Jacke) und als Kopfbedeckung ein *Blangkon*. Sie sind außerdem mit einem kunstvoll geschmiedeten javanischen Kurzschwert, dem *Kris* versehen.

Die anderen Familienangehörigen und deren Freunde haben sich versammelt, die mit Blumen geschmückte Haustür ist weit geöffnet.

Der Einzug des Bräutigams mit seinem Gefolge

Festliche Gamelanmusik erklingt und begrüßt schon von weitem den sich nähernden Bräutigam mit seinem Gefolge. Diese Musik wird auch die folgenden die Zeremonien begleiten.

In feierlicher Prozession kommt der Bräutigam mit dem Repräsentanten seiner Familie, der *Pinisepuh* und den Familienmitgliedern und Freunden herbei. Alle sind in der javanischen Festtracht gekleidet. Die beiden Familien begegnen und begrüßen sich.

Die eigentlichen Hochzeitszeremonien

Das Werfen von Betelnussblättern, *Lempar-Sirih*

Das Brautpaar geht ein paar Schritte aufeinander zu und bewirft sich gegenseitig mit Betelnussblättern, die das Herz des Gegenübers treffen sollen. Die Blätter symbolisieren die Liebe und zeigen an, dass beider Herzen von Liebe zueinander entbrannt sind.

Aus einem Samen entstehen lassen, *Wiji-Dadi*

Die Pinesepuh legt ein Hühnerei vor dem Bräutigam auf den Boden. Der Bräutigam zertritt dieses Ei. Die Braut wäscht den Fuß des Mannes.

Wie das Küken geborgen in der Enge des Eis heranwächst und die Schale aufpickt, wenn es stark genug für ein selbstständiges Leben ist, so beginnt auch jetzt für das Brautpaar mit dem Sprengen der Eierschale ein neuer Lebensabschnitt. Es verlässt die Obhut der Eltern, sucht eigene Wege.

Der Bräutigam öffnet das Tor zu einem neuen, gemeinsamen Leben, wobei die Braut ihm zur Seite steht.

Verwendung des Hüfttuches, *Sinduran*

Die Brautmutter legt ein Hüfttuch, ein *Sindur*, über die Schultern des Brautpaars und bittet um Gottes Segen, damit sich beide gut verstehen und bis an ihr Lebensende lieben mögen.

Es nähert sich der Brautvater. Die Brautleute ergreifen seinen Gürtel von hinten und halten sich beim Gehen daran fest. Der Vater führt sie auf diese Weise zum Brautpaarsitz, dem *Pelaminan*, einer Art prachtvoll geschnitztem Sofa, das mit reichlich Blumenschmuck versehen ist. Die Brautmutter folgt dem Paar unterdessen und sorgt sich um das Sindur. Der Vater nimmt Platz.

Der Gebrauch der Waage, *Timbangan*

Das Brautpaar setzt sich auf den Schoß des Vaters. Die Frau sitzt links, der Mann rechts. Die Mutter fragt nun ihren

Mann: »Welches der beiden Kinder ist schwerer?« Der Vater antwortet: »Beide Kinder sind gleich schwer.« Damit deutet er an, dass er seinen Schwiegersohn als eigenes Kind annimmt und ihm beide Kinder von nun an gleich lieb sind.

Das Einpflanzen, *Tanem*

Der Vater erhebt sich und legt die Hände nacheinander auf die Schultern seiner Kinder, betet und verbindet sie als Mann und Frau.

Das Zufließen von Wasser/Vermögen, *Kacar-Kucur*

Der gerade vermählte Mann überreicht seiner jungen Frau Reiskörner, Reissprösslinge, Gewürze und Geldmünzen. Sie nimmt die Gaben an, legt sie in ein Tuch und knotet es zusammen.
Damit gelobt der Mann Offenheit und Ehrlichkeit bei seinen Einkünften der Frau gegenüber, während die Frau ihrem Mann anzeigt, das Geld zusammenzuhalten und für das Wohl der Familie zu sorgen.
Die Gattin verneigt sich dankend und übergibt den Beutel ihrer Mutter als ein Zeichen, diese künftig zu unterstützen.

Ehre erweisen, *Sungkem*

Erst jetzt haben die Eltern des gerade vermählten Bräutigams Zutritt. Sie kommen heran und werden zunächst von den ihnen entgegenkommenden Brauteltern begrüßt. Gemeinsam begeben sich die beiden Elternpaare zum Brautsitz *Pelaminan*, und die Brauteltern lassen sich auf ihm nieder. Nun nähert sich ihnen der Bräutigam, legt seinen *Kris* und damit seine Wehrhaftigkeit und Stärke ab, verneigt sich mit seiner gerade geheirateten Frau und beide erbitten den Segen für den zukünftigen Lebensabschnitt. Nachdem die Eltern des Bräutigams auf dem Pelaminan Platz genommen haben, erteilen auch sie ihren Kindern den Segen.

Hiermit ist die eigentliche Trauung abgeschlossen. Es folgt ein festliches Mal und die Vorführung klassischer Tänze. Das frisch vermählte Paar verbringt noch sieben Tage im Elternhaus der Braut, anschließend weitere sieben Tage im Elternhaus des Bräutigams, hernach geht es eigene Wege, wobei die Verbindung zu beiden Elternhäuser nie abreißt.

Auch wenn Zeremonien wie eine javanische Hochzeit, der Mitoni-Segen oder das Auf-seine-eigenen-Füße-Stellen des Kindes in Europa und in Deutschland nicht in der prächtigen, teils über Tage andauernden oder in der gleichen prunkvollen Weise wie auf Java durchgeführt werden können, finden sie doch auch hier in einem festlichen Rahmen statt.

Am 22. September 2001 wurde eine javanische Hochzeitszeremonie in ähnlicher wie der oben beschriebenen Weise mit 65 indonesischen Darstellern aus Deutschland und Österreich im erweiterten Saal der Bismarckhalle Siegen durchgeführt. Bei dieser Veranstaltung entfielen die Vorbereitungen aus Java – die Feier begann mit dem Einzug der Braut unter Gamelanklängen –, der Ritus war aber der gleiche.

Ebenso fand am 19. November 2016 eine Mitoni-Feier zum Schwangerschaftssegen, eingebettet in Gamelanmusik, in privatem Rahmen, allerdings mit etwa einhundert Gästen, in Siegen statt.

Mitoni
Schwangerschaftssegen

Die Mitoni-Zeremonie stammt aus dem elften Jahrhundert, wurde zum ersten Male in Java vollzogen und ist dort heute noch gebräuchlich. Die Javaner, gleich welcher Religion sie angehören, vollziehen diese Zeremonie nur bei einer Frau, die zum ersten Mal schwanger ist, und zwar ungefähr während des siebten Monats.

Die Geburt eines Kindes ist eine Angelegenheit der engen Familie, gleichzeitig wird das Baby, das schon vollständig die Anlagen eines Menschen besitzt, in eine Gesellschaft hineingeboren, ist also auch für diese von Bedeutung.

Der elterliche Segen, *Sungkem*

Die zukünftigen Großeltern nehmen auf einem reichgeschnitzten Sofa Platz, ihre Kinder knien vor ihnen nieder, legen ihren Kopf nacheinander auf den Schoß ihrer Eltern und bitten um den Segen. Die Eltern wiederum beugen sich über ihre Kinder und übertragen dieserart Gottes Segen.

Bei der Durchführung des *Sungkem* in Deutschland wurde das Ritual ein wenig angeglichen, da in Europa das Verhältnis der Kinder zu ihren Eltern eher vom Prinzip der Gleichrangigkeit getragen ist. So wurde der Segen auch im Stehen gespendet, nachdem sich die Eltern von ihren Sitzen erhoben hatten.

Reinigung der zukünftigen Mutter, *Siraman*

Es folgt die Reinigung der Frau mit Wasser aus sieben für Java bedeutsamen Quellen. Auf dem Wasser in einem großen Behältnis schwimmen sieben Sorten Blumen. Die Reinigungszeremonie wird unter freiem Himmel durchgeführt, und nur angesehene Persönlichkeiten, meist sieben, dürfen sie nacheinander vollziehen, indem sie mit einer Kelle das Wasser schöpfen und über das Haupt der mit einem Cinde-Gewebe gewandeten Frau gießen.

Bei unserer deutschen Mitoni-Feier 2016 haben wir die Zeremonie etwas variiert und mit Rücksicht auf die kalte Jahreszeit ins Hausinnere verlegt. Die Wasserkelle wurde durch einen kleinen Buchsbaumzweig und die sieben javanischen Quellen durch sieben verschiedene Wasserquellen aus Europa ersetzt.

Die symbolische Reinigung von Frau und Kind durch dieses besondere Wasser versinnbildlicht das Vertreiben alles Bösen mit Gottes Hilfe.

Die Bekleidung der Frau mit verschiedenen Batiken, *Pendandanan*

Batik hat in Indonesien eine besondere Bedeutung: die verschiedenen Muster und deren Auswahl für das *Pendandanan* sprechen gleichsam ihre ganz eigene Sprache, die zu verstehen in der Regel nur den Einheimischen gegeben ist.

Die zukünftige Mutter wird in einer festgelegten Reihenfolge mit Batiken aus Solo/Java bekleidet. Die Stoffe drücken verschiedene Wünsche für das Baby aus:

1 | Sido Mulyo möchte ein Leben in der Geborgenheit der Familie.

2 | Sido Mukti erstrebt soziale und finanzielle Sicherheit für das Kind.

3 | Sido Asih wünscht ihm jetzt und später ein Leben in akti-

ver Nächstenliebe, Warmherzigkeit und Hilfsbereitschaft.

4| Sido Drajad erfleht dem heranwachsenden Menschen eine geachtete Position in der Gesellschaft.

5| Sido Luhur möchte, dass der junge Mensch jetzt und später sein Leben nach den Erkenntnissen javanischer Weisheit in Ehrfurcht und Bescheidenheit gestaltet.

6| Lurik tumbar pecah: Lurik ist keine Batik sondern ein traditionelles Gewebe, das sehr stark, fest und dauerhaft ist. Es bekräftigt noch einmal die vorherigen Wünsche und verweist auf eine gute Geburt.

7| Wahyu Temuran bedeutet die Bitte, dass die Eltern und der neu geborene Mensch immer in der Gnade Gottes bleiben und leben mögen.

Nach jedem Anlegen der einzelnen Stoffe fragt der zukünftige Vater die Umstehenden: »Ist dieses Muster gut genug?« Alle antworten: »Nein, das reicht nicht!« Erst nach dem siebten Tuch rufen alle: »Das ist gut, das ist schön!«

Die zukünftigen Großmütter zeigen ihre Hilfsbereitschaft,
Brojolan

Die Schwiegermutter der schwangeren Frau steckt nun eine Kokosnuss von oben hinter das Gewand ihrer Schwiegertochter. Die Nuss rutscht nach unten und wird von der Mutter der Schwangeren auf einem Silbertablett in Empfang genommen. Das bedeutet, dass die beiden Großmütter bereit sind, das Neugeborene mit Freuden in die Familien aufzunehmen.
Die Kokosnuss ist zudem eine Frucht, die restlos verwertet

werden kann. Diese Zeremonie kündet von dem Wunsch, das werdende Kind möge seinen Aufgaben in der Gesellschaft gerecht werden.

Das Anschneiden des Reisbergs, *Tumpeng*

Nach Vorstellung der Javaner ist der Gipfel eines Berges der Sitz Gottes. Noch heute begeben sich viele Javaner als Pilger auf Wanderschaft zu den heiligen Stätten zum Beten und Opfern. Auch die Christen singen: »Ehre sei Gott in der Höhe!« Die Zeremonie hier in Deutschland gestaltet sich etwas einfacher, wir holen den Berg in verkleinerten Maßstab ins Haus, wobei die Spitze des Reiskegels von einer dazu würdigen Person angeschnitten und als Geschenk an einen Ehrengast weitergegeben wird. Der Empfang dieser Speise gilt als besonders glückbringend.

Tedak Siti
Die ersten Schritte des Babys

Tedak Siti, oder auch *Tedhak Siten*, bedeutet, seine Füße auf den Erdboden zu setzen (Tedak: hinunterbegeben, Siti: Erddboden). Wenn das kleine Kind etwa acht Monate erreicht hat, ist der Zeitpunkt gekommen, den ersten Schritt zu einem neuen Lebensabschnitt zu unternehmen. Dabei ist das Kind natürlich noch im starken Maße auf die Hilfe der Eltern, der Großeltern, ja der ganzen Familie angewiesen, welche es zu Beginn des eigenen Weges und weiter durch sein ganzes Leben hindurch unterstützen werden.
Ebenfalls dient diese Zeremonie der Ehrerbietung gegenüber der Erde als Schöpfung Gottes, ehe das Baby seinen ersten stehenden Kontakt mit dem Boden hat. Wie alle java-

nischen Zeremonien erflehen sie den besonderen Schutz des Allerhöchsten. Das Tedak Siten wird in Java von allen Religionen ohne Unterschied zelebriert.

Durchführung der mehrteiligen Zeremonie

Das Kind betritt zum ersten Mal den Boden, *Ngidha Jadah*

Zu Beginn betritt nun das Kleine zum ersten Mal den Boden, nachdem es zuvor immer getragen wurde. Der Boden ist mit verschieden gefärbten, von Fall zu Fall variierenden Reisfladen geschmückt, auf welche es mit Unterstützung der Mutter seine Füße setzt und die den weiteren Lebensweg des Heranwachsenden markieren, auf dem es mit Gottes Hilfe voranschreiten möge:

Weiß bedeutet, dass der Lebensweg in Unschuld und Reinheit begonnen wird.

Gelb weist auf das strahlende, den Weg erhellende Licht von oben.

Schwarz macht auf zukünftige Probleme aufmerksam, die zu lösen sind.

Orange sind Vater und Mutter und deren Hilfe.

Grün strahlt Zuversicht aus.

Purpur wünscht dem jungen Menschen Beständigkeit auf dem Weg zum Guten hin.

Blau erbittet die Begleitung der Kräfte des Himmels.

Eine Leiter: Symbol für die Schwierigkeiten im Leben, *Munggah Ondo*

Das Kind überwindet die ersten Hindernisse des Lebens und erklettert mit Hilfe der Eltern eine geschmückte Leiter. Mit jeder Sprosse möge sich der junge Mensch mehr und mehr Gott nähern. Die Eltern begleiten ihn dabei mit ihren guten Wünschen.

Spiel im Sand, *Ceker Ceker*

Mit den Füßen darf das Kleine nun im Sand spielen, während es von der Mutter gehalten wird. Dieses »Spiel« bedeutet, dass es später überall nach Möglichkeiten suchen möge, ein gutes Leben zu führen. Zur Veranschaulichung dieser Zeremonie kann man als Vergleich das Scharren der Hühner im Sand (»ceker ceker«) bei der Suche nach Futter anführen

Unter der Käfighaube, *Kurungan*

Mutter und Kind nehmen unter einer großen Käfighaube Platz. Um die beiden herum liegen verschiedene Dinge, die sich unterschiedlichen Berufen zuordnen.
Der Gegenstand, den das Kind zuerst von sich aus ergreift, lässt auf seinen zukünftigen Beruf schließen.
Diesem Zeremonienteil liegt jedoch noch eine andere, ich meine, wichtigere Bedeutung zu Grunde: Der heranwachsende Mensch möge sich in sein soziales Umfeld eingliedern und auch später in einem bestimmten Beruf Verantwortung tragen.

Das Wasserbad, *Kembang Setaman*, und das Anschneiden des Reisbergs, *Tumpeng*

Nachdem das Baby seine Füße in ein Blumenwasserbad gesetzt hat, wird die kleine Feier mit der *Tumpeng*-Zeremonie abgeschlossen. Sie wird genauso wie bei der Mitoni-Zeremonie gestaltet.

Resümee

Die Merkmale der drei Zeremonien könnte man wie folgt zusammenfassen:

Der selbstverständliche Glaube an Gott und dessen allmächtiges Wirken, mit dem man sich dankbar verbunden fühlt: In Indonesien gilt dies als das erste der fünf Staatsprinzipien.

Das Einfügen des Einzelnen in die Familie, die Gemeinschaft, die Nation, von wo aus man auch Hilfe erwarten darf.

Das Streben nach Harmonie zwischen Mitmenschen und Gott.

Die Vorbereitung der Gesellschaft auf den familiären Zuwachs. Die Weisung an die Einzelperson, sich innerhalb der Volksgemeinschaft gut zu entwickeln und zu integrieren.

Die Bewahrung der Ordnung dieser Gemeinschaft mit ihrem Frieden durch Vermeidung individuellen Egoismus'.

Das besondere javanische Zeitverständnis, das Vergangenheit, Gegenwart und Zukunft nur grob differenziert und fast als Ganzes wahrnimmt (eine sprachliche Kennzeichnung geschieht nur durch Hinzufügen von: z. B. »gestern«, »heute«, »morgen« bei unveränderter Verbform), wobei die Gegenwart eine dominante Bedeutung besitzt. Die Vergangenheit wird dabei eher als Teil der Gegenwart empfunden und die Zukunft in Gottes Hand liegend gesehen.

Abschließende Bemerkungen

Um Einsicht in das Wesen der Dinge zu erhalten, benutzt der Abendländer nach allgemeiner Auffassung seit dem Zeitalter der Aufklärung vorwiegend sein individuelles, rationales Denken. Dabei geht er analytisch vor und schließt von einer Erkenntnis zur nächsten.

In Asien geschieht »Denken« ganzheitlich, synthetisch, man nähert sich dabei den Phänomenen als Ganzem mehr mit seiner Intuition an, zumal Ereignisse wie Phänomene eine Aussagekraft von zuerst symbolischer Bedeutung haben, da sie mit dem Göttlichen in Verbindung stehen. Dabei ist der rationale Denkprozess nicht ausgeschlossen, aber auch nicht dominant, er hat eine eher regulierende Rolle. Die Wahrheitsfindung vollzieht sich auf meditativem Wege.

Die Javaner nähern sich der Einsicht in die Wesenheit der Dinge in Form von Vertiefung. Man denkt in Bildern, sucht den Kontakt mit dem ins Auge gefassten Geschehen oder den Objekten und gibt seine aus dieser Begegnung gewonnene Erkenntnis auch bildhaft an seine Mitmenschen weiter in der Annahme, dass diese die Sprache verstanden und das Anliegen beherzigt werden.[11]

---

[11] Vgl. die Predigten von Sunan Kalijaga aus Java in: Otto Abt: Auch das ist Islam. Gelnhausen 2010, S.44/S. 86, sowie Paul Stange: The Logic of Rasa

Selbst die Sprache der Indonesier ist bildhaft poetisch: *Mata hari* bedeutet so viel wie »Auge des Tages« in der wörtlichen Übersetzung, gemeint ist die Sonne. Jemand, der seine Augen überall hinwandern lässt, ist ein Spion: *mata mata* (»Auge, Auge«).

Des Weiteren fühlt sich der Javaner eingebunden und getragen von der Gemeinschaft, der *Uma*. Das Christentum spricht vom Volk Gottes[12], kennt also gleichermaßen diese Denkweise, welche jedoch im Abendland mehr und mehr an Bedeutung verliert. Der Javaner erfährt auf seiner Wahrheitssuche, dass er ein Teil im himmlischen Kräftespiel darstellt: »Er ist ein Gefäß göttlicher Kraft«[13], wobei er das Böse durchaus wahrnimmt. Er entdeckt in seinem Tun das Wirken Gottes mit seiner Allmacht und vertraut Ihm.[14] Das schenkt den Menschen Gelassenheit und als Geschöpf Gottes Demut gegenüber dem Schöpfer, aber auch Selbstachtung. Um bei diesen Darlegungen nicht missverstanden zu werden: zu behaupten, der Asiate könne nicht rational denken, wäre ebenso falsch wie dem Abendländer die Fähigkeit zur meditativen Versenkung abzusprechen.

Zusammenfassend könnte man sagen, der Abendländer geht in seinem Denken und Handeln rational vom Individuum und vom persönlichen Gewissensentscheid aus, der Asiate empfindet sich mehr meditativ als Teil des Ganzen, dessen Gesetzmäßigkeiten es zu beachten gilt, um ein harmonisches Zusammenleben zu gewährleisten.[15]

---

in Java. In: Indonesia, No. 38; 1984; S.114.

[12] Röm. 11, 16ff.

[13] Magnis Suseno S. J.: Javanische Weisheit und Ethik, München/Wien 1981, S. 89.

[14] Vgl. ebd., S. 122.

[15] Vgl. Otto Abt: Der Alltag ist spannend. Gelnhausen 2008, S. 89.

Der vollzogene Brauch ist gleichsam ein zur Gestalt gewordenes Lehrgedicht, das sich an alle Sinne der Teilnehmer richtet, eine faszinierende poetische Parabel. Er ist zudem eine Art Initiation, da er für die Hauptperson(en) des Geschehens den Weg in die Gesellschaft ebnen hilft.

Natürlich haben die prächtigen Zeremonien in einer prunkvollen Umgebung auch Show-Charakter, aber dieser soll eigentlich nur von untergeordneter Bedeutung sein.

Diese die Sinne umfassende Anschaulichkeit ist auch im abendländischen Raum, allerdings viel seltener, anzutreffen. So erinnere ich mich an zwei Predigten des Weihbischofs Hubert Berenbrinker (Erzbistum Paderborn), der zu einer Schuleinweihung einen Strauß Blumen mitbrachte, sie herzeigte und mit den Religionen der Anwesenden verglich, oder bei einer Messe ein kleines, lachendes Kind von der Mutter empor werfen und auffangen ließ, um auf das Vertrauen hinzuweisen. Unvergessen sind auch die Predigten des Pfarrers Augustinus Winkelmann [16], der anhand von Kirchenfenstern und Seerosen das Wirken des Lichtes bzw. des Heiligen Geistes erklärte.

---

[16] Begründer eines Zentrums zeitgenössischer sakraler Kunst im ehem. Kloster Marienthal/ Niederrhein.

Wir sind freigebig
Man nennt uns egoistisch
Doch bleibt wie ihr seid

Wir sind ganz ehrlich
Sie nennen uns Betrüger
Doch bleibet ehrlich

Jetzt tun wir Gutes
Morgen ist es vergessen
Doch fahrt damit fort

Wir wissen, schließlich
liegt unsre Sache bei Gott
und nicht bei Menschen[17]

---

[17] nach mündlicher Überlieferung aus dem Hause Sunan Kalijaga, Kadilangu/Java

Mein ganz besonderer Dank gilt meiner javanischen Frau Tieneke Parartini Abt, ohne deren Informationen dieser Aufsatz nicht entstanden wäre.

Außerdem geht mein Dank an Crauss, der mein Schaffen mit Wohlwollen und Unterstützung begleitet.

—

Weitere, im Text nicht gesondert erwähnte Literatur:

Mathias **Fuchs, Javanische** Weltanschauung & Moral, München 2000.
Endraswara Suwardi: Buku Pinter Budaya Jawa. Mutiara Adiluhung Orang Jawa. Yogyakarta/Indonesia 2005.
Magnis Suseno S.J.: Garuda im Aufwind - Das moderne Indonesien. Bonn 2015.
Sowie: Eine Fülle von Bildmaterial zu den einzelnen Zeremonien online (mit dem Suchmaschinen-Zusatz »Java« beim gewünschten Begriff).

Otto Abt, Mitglied des Freien Deutschen Autorenverbands FDA, lebt in Siegen. Er wurde 1931 als Sohn einer Lehrerfamilie in Stenden (Kerken/Niederrhein) geboren.

Nach dem Abitur in Borken/Westf. besuchte er die damalige Pädagogische Akademie in Essen-Kupferdreh, wurde Lehrer im Siegerland und beendete 1993 den Schuldienst als Rektor.

Bereits während der Gymnasialzeit beschäftigte sich Abt mit asiatischer Kultur und vertiefte später sein Wissen an der Universität Köln sowie während zahlreicher Asienreisen. Er erhielt eine Ausbildung im Handpuppenspiel durch Friedrich Arndt, dem Vertreter der Hohensteiner Kasperlebühne in der Bundesrepublik Deutschland.

Heute ist Abt Lehrer für Tai Chi und Marga Luyu 151 (eine javanische Geheimkunst). 1991 gründete er gemeinsam mit seiner Frau, einer Indonesierin, das Siegener Gamelan-Orchester, das dem Ehepaar privat gehört und authentische javanische Musik spielt. 1998 brachte der Klangkörper eine erste CD heraus. Abt ist Mitbegründer und Vorstandsmitglied der Deutsch-Indonesischen Gesellschaft Südwestfalen e.V.

Herr Friedhelm Schick, Kreuztal, bearbeitete Abts Kompositionen und führte diese mit dem LSD-Quartett (Lahn, Sieg, Dill) seit dem 13.09.2015 während mehrerer Konzerte im Siegerland erfolgreich auf.

Bisher wurden sechzehn Bücher von Otto Abt veröffentlicht:

1999 *Aufbruch, Unterwegs, Abschied*, Gedichte; Verlag Arthur Göttert

2001 *Von Liebe und Macht - Das Mahabharata neu erzählt*; Horlemann

2001 *Schon schimmert Licht*, Gedichte; Verlag Arthur Göttert

2002 *Gamelan aus Java. Zum Verständnis der Musik*; Videel-Verlag

2003 *Botschaft der Hoffnung und Freude. Das Ramayana neu erzählt*; Horlemann

2005 *Worte aus der Stille. Haiku/Senryu*; Durchblick-Verlag Siegen

2007 *Juwelen aus dem Regenwald. Panji und Sekar Taji*; Horlemann

2008 *Der Alltag ist spannend. Ein Kaleidoskop aus Erlebtem, Reflektiertem, Erdachtem*; Triga Verlag

2009 *Herbstblätter. Haiku/Senryu*; Deutscher Lyrik Verlag

2010 *Auch das ist Islam. Sunan Kalijaga, der große Apostel aus Java*; Triga Verlag

2010 *So war es im Siegerland. 50 Jahre Mäckes*; Durchblick-Verlag Siegen

2011 *Gelebter Augenblick. Haiku/Senryu*; Durchblick-Verlag Siegen

2014 *Verborgene Weisen. Haiku/Senryu*; Durchblick-Verlag Siegen

2016 *Schwester Natur. Haiku/Senryu*; BoD-Verlag

2017 *Sommerklangspiele. Haiku/ Senryu*; BoD-Verlag

2018 *Heitere Lichter. Haiku/ Senryu*; BoD-Verlag

Veröffentlichungen in verschiedenen Medien:

Berthold Damshäuser (Hg.): *Orientierungen. Zeitschrift zur Kultur Asiens.* Heft 2, Universität Bonn 1997

Bibliothek Deutschsprachiger Gedichte, Ausgewählte Werke IX u. X. München: Realis Verlag 2006/07

Frankfurter Bibliothek der Brentano Gesellschaft Frankfurt/M: *Das Neue Gedicht* 2004

Prof. Dr. Udo Tworuschka et al. (Hg.): *Religiopolis. Weltreligionen erleben*. Stuttgart: Ernst Klett Verlag 2004/05

verschiedenen Ausgaben des *Südostasien Magazin* ab 2007; Hg.: Dr. Frank D. Wickl u. Sabine Miehlau

KORA-Kalender 2007, Haiku

Ein kleines Buch voll Liebe. Stuttgart: Pons-Verlag 2009

Berthold Damshäuser und Michael Rottmann (Hg.): *Wege nach - und mit - Indonesien*. Berlin: regiospectra-Verlag 2015

Panji - Wiederbelebung eines javanischen Kulturerbes. In: Kita. Magazin der Deutsch-Indonesischen Gesellschaft Köln. Nr. 1/2015

durchblick Autorenzeitschrift; Durchblick-Verlag Siegen: 1/2015; 3/2014; 4/2013; 2/2012; 3/2011; 1/2018

Literatur Radio Bayern: Haiku und Interview 9.10.2016

Weitere Informationen zum Autor finden sich u.a. auf Wikipedia, im Kürschner Deutscher Literaturkalender (seit 2002), im Deutschen Schriftstellerlexikon des BDS (seit 2004), in der Presseübersicht der Deutsch-Indonesischen Gesellschaft Südwestfalen e.V., im Kulturhandbuch des Kreises Siegen-Wittgenstein, im Katalog der deutschen Nationalbibliothek sowie in der Abhandlung *Javanische Kultur in der Gedichtsammlung von Otto Abt* von Yati Sugiarti, UNY Yogyakarta, anlässlich der Germanistentagung 2010 in Indonesien, ferner in einem Artikel von Crauss im »durchblick« Nr. 3/2017.

Rückseite: Bild von Lina Lin, Taiwan

Heitere Lichter
funkeln fast überall. Man
muss nur hinsehen